AF542613

LES INDES GALANTES,

BALLET HEROIQUE

REPRÉSENTÉ POUR LA PREMIERE FOIS, PAR L'ACADEMIE ROYALE DE MUSIQUE;

Le Mardy vingt-troisiéme d'Aoust 1735.

2e édon de 1735
pareille à la 1ere
quant aux 42 1eres
pages.
l'entrée des fleurs
qui fait [illegible] [illegible]
est nouvelle.

DE L'IMPRIMERIE

De JEAN-BAPTISTE-CHRISTOPHE BALLARD, Seul Imprimeur du Roy, & de l'Academie Royale de Musique.

M. DCCXXXV.

AVEC PRIVILEGE DU ROY.

LE PRIX EST DE XXX. SOLS.

CHANGEMENTS, FAITS le Dimanche 28. d'Aoust.

PROLOGUE,

Pag. 7. lisez.

HEBE'.

Pour remplacer les cœurs que vous ravit Bellone
Fils de Venus, lancez vos traits, les plus certains;
Conduisez les plaisirs dans les Climats lointains
Quand l'Europe les abandonne. On danse.

LES INCAS DU PEROU, à present Premiere Entrée.

Pag. 31. après ce Vers, *La plus intrepide valeur*, lisez.

Allez; ma crainte est pardonable,
Empruntez du secours, Rassemblez vos Guerriers;
Conduisez leur courage à de nouveaux lauriers.

Pag. 39. SCENE VII. ajoûtée,

PHANI-PALLA, HUASCAR-INCA, DOM CARLOS, Officier Espagnol, après ces mots *Suivez l'Amour jaloux.*

CARLOS.

Ton crime ose paroître.

PHANI.

Le Soleil jusqu'au fonds, &c.

LE TURC GENEREUX, à present Deuxiéme Entrée.

Pag. 20.

EMILIE, VALERE en Esclave, OSMAN BACHA.

EMILIE, à VALERE.

Il vous entend, helas! comment fuir sa colere?

OSMAN, à EMILIE.

Ne craignez rien; je dois trop à Valere;
Montrant VALERE.
Osman fut son Esclave, &c.

Pag. 24.

Après ce Vers, *Ah! nous vous reverrons encore.*

EMILIE.

Fuyez, fuyez Vents orageux, &c. à la Page suivante 25.

EMILIE.

Regnez Amours, Regnez, ne craignez point les Flots, &c. à la Pag. préced. 24.

EMILIE.

Partez, on languit sur le Rivage, &c. Pag. 26.

LES FLEURS, troisiéme Entrée.

Pag. 49.

Après ce Vers *Je pourray sans soupçon, lire ses sentimens.*
à ZAIRE.
Regardez.

ZAIRE, à part.

J'ay trop vû cette aimable Peinture.

TACMAS, à part.

Ciel! quel affreux augure.
Mon Portrait, &c.

AVERTISSEMENT.

UN Auteur occupé du ſoin de plaire au Public a-t'il tort de penſer qu'il faut quelquefois eſſayer de le divertir ſans le ſecours des Dieux & des Enchanteurs ? Peut-être en préſentant à ce Public indulgent pour la Nouveauté, des Objets choiſis dans les climats les plus reculez, accordera-t'il ſon ſuffrage à la ſingularité d'un ſpectacle qui fournit à ERATO & à TERPSICORE l'occaſion d'exercer leur génie.

Quoyque la paſſion favorite des Heros célebrez par la Déeſſe de l'Harmonie inſpire les mêmes ſentimens ſous les deux Poles, il exiſte de la difference dans le langage qui les exprime. Exceptons celuy des yeux qui s'entend par tout, & qui empêche l'Amour d'être étranger dans aucuns pays : l'Univers eſt ſa Patrie. Mais quoyque les Amants ſuivent tous la même loy, leurs Caracteres Nationaux ne ſont pas uniformes ; cela ſuffit pour répandre dans un Poëme Lirique cette varieté ſi neceſſaire, à preſent que la ſource des Agrémens ſimples & naturels ſemble épuiſée ſur le Parnaſſe.

LA PREMIERE ENTRE'E du Ballet qu'on hazarde aujourd'huy est copiée d'après un illustre Original. C'est le grand-Visir Topal Osman, si connu par l'excés de sa generosité. On peut en lire l'Histoire dans le Mercure de France du mois de Janvier 1734.

J'espere que l'on conviendra que le Modelle respectable que j'ay choisi pour former mon vertueux Bacha, autorise les traits que j'ay donnez à la Copie: Un Turc semblable à Topal Osman n'est pas un Héros imaginaire; & quand il aime, il est susceptible d'une tendresse plus noble & plus délicate que celle des Orientaux. Son cœur est capable des efforts les plus magnanimes.

LA SECONDE ENTRE'E remplie par les Incas du Perou, n'a pû être enrichie par la pompeuse Décoration de leur Temple du Soleil détruit par les heureux Conquerants de l'Amerique, ces Vainqueurs couverts des lauriers les plus dorez qu'on ait jamais cueillis sur les pas de Bellone.

Garcilasso de la Véga, Inca, Historien du Perou, né à Cusco * peut satisfaire les Curieux sur les détails de ce riche Empire; ils s'instruiront chez cet Auteur Indien de tout ce qui concerne les Incas; On y apprend que leurs Parents les plus éloignez se paroient du même Titre; Celuy de Palla appartenoit

* Cusco Capitale du Pérou.

à toutes les Princesses. On ne tiroit que de la famille Royalle les principaux Ministres de la Religion aussi étenduë que le pouvoir du Monarque. Les Cerémonies & les Festes des Peruviens étoient superbes.

Le Volcan qui sert au Nœud de cette Entrée Américaine n'est pas une invention aussi fabuleuse que les Opérations de la Magie. Ces Montagnes enflamées sont communes dans les Indes. Le Mexique est fameux par celle de Popocatépec, qui égale le Vésuve de Naples & le Gibel de Sicile : Quant au Perou il est fort sujet aux tremblements de terre. Bien des Voyageurs estimez attestent qu'ils ont rencontré de ces fournaises souterraines composées de bitume & de souffre qui s'allument facilement, & produisent des incendies terribles lorsqu'on fait rouler un seul morceau de rocher dans leurs Gouffres redoutables. Les Naturalistes les plus habiles appuyent le témoignage des Voyageurs par des raisonnemens Phisiques, & par des Experiences plus convainquantes encor que les Arguments. Me condamnera-t'on, quand j'introduis sur le Théatre un Phénoméne plus vray-semblable qu'un Enchantement? & aussi propre à occasioner des Symphonies Cromatiques? Un Sacrificateur payen, aveuglé par la jalousie & guidé par la fureur, se sert de ce dangereux Phénoméne pour réussir dans ses projets criminels ; Quels artifices ne risque pas l'Amour entraîné par le desespoir, & l'imposture cachée sous le manteau sacré de la Religion ? Phani n'est pas encore assez desabusée des erreurs de son culte, pour n'être pas frappée d'une terreur superstitieuse à la vuë d'un embrasement effroyable qu'on lui assure être une menace celeste ; cependant son antipatie pour Huascar lui inspire une fermeté que ne luy auroit jamais procuré la raison ; les idées que cette Princesse Indienne a des Espagnols, de leurs armes & de leurs Vaisseaux, la caracterisent. Antoine de Solis, & Augustin de Zarate, Relateurs les plus connus des Conquestes du Mexique & du Perou, seront les garands de cette proposition.

Le Divertissement de la TROISIEME ENTRE'E n'y est pas adapté sans fondement. Les Asiatiques aiment fort les Fleurs. Les Turcs & les Persans leur consacrent des jours dans la plus riante saison de l'année; & ces jours sont embellis non-seulement par l'exposition des Fleurs favorites rangées avec choix dans des Vases façonnez au Japon & à la Chine, mais encore par des illuminations brillantes dès que la nuit vient couvrir de ses voiles ces aimables trésors des Jardins ; ainsi, j'ay pû faire transporter l'inclination fleuriste dans les Indes par un Prince de Perse.

On n'a pas oublié dans toutes ces Entrées le goût que le Public montre à present pour les Ballets danſants , où il découvre un Deſſein raiſonné & Pittoreſque. Goût judicieux qui devoit naître plûtôt dans un ſiecle éclairé, dans un ſiecle témoin du progrez des talens qu'il voit chaque jour, conduits par des Principes ſeurs, acquerir de la ſcience ſans perdre des graces.

SUPPRESSIONS, FAITES le Dimanche 28. d'Aouſt.

PROLOGUE, pages 8. & 9.

LES INCAS DU PEROU.

Pag. 37.
Douze Vers commençants à ces mots *De nos Bois*, &c.

Pag. 39.
Les ſix derniers Vers de la Page.

Pag. 40.
Les quatre premiers Vers.

LE TURC GENEREUX.

Pag. 25. les ſix premiers Vers.

LES FLEURS.

Pag. 52. les quatre derniers Vers de la Scene VI.

Pag. 54. Les cinq Vers ſuivants,
Je pretens que l'hymen vous aſſure ma foy.

Pag. 55. le mot TOUS.

Acteurs Chantants dans tous les Chœurs du Prologue & du Ballet.

CÔTE' DU ROY.		CÔTE' DE LA REINE.	
Mesdemoiselles	*Messieurs*	*Mesdemoiselles*	*Messieurs*
Dun.	St. Martin.	Antier-C.	Le Myre.
	Lefebvre.		Morand.
Cartou.	Louette.	Thetelette.	Deserre.
	Marcelet.		Thurier.
Ducoudray.	Deshais.	Charlard.	Dautrep.
	Buseau.		
Delorge.	Combault.	Lavalée.	Galard.
	Fel.		François.
Goussier.	Duplessis.	Deshaigles.	Houbault.
	Rimbault.		Bourque.
Varquin.		Bourbonois-C.	Bornet.

Le Recueil general des Paroles des Opera a présentement quatorze Volumes, qu'on vend ensemble 35. liv.
On vend separément les trois derniers, 9. liv.

On vient de donner aussi *le Cinquiéme Livre des Parodies Nouvelles & des Vaudevilles Inconnus*, qu'on vend six livres, de même que chacun des précédents.

LES

LES INDES GALANTES.

PROLOGUE.

ACTEURS CHANTANTS.

HEBE', *Divinité de la Jeunesse*, Mlle. Eeremans.
BELLONNE, Mr. Cuignier.
L'AMOUR, Mlle. Petitpas.

ACTEURS DANSANTS.

LES ALLIEZ.

Mr. Bontemps. Mlle. Fremicourt. } FRANCOIS.

Mr. Javillier-C. Mlle. Petit. } ITALIENS.

Mr. Dumay. Mlle. Thybert. } ESPAGNOLS.

Mr. Dupré. Mlle. Rabon. } POLONOIS.

GUERRIERS;

Messieurs Matignon, Malter-C., Savar.

JEUX ET PLAISIRS;

Mademoiselle Le Breton;
Messieurs Malter-L., Hamoche;
Mesdemoiselles, Courcelle, Centuray, Binet, Saint-Germain.

*La Scene est dans les Jardins d'*HEBE'.

LES INDES GALANTES.

PROLOGUE.

Le Theâtre représente les Jardins du Palais D'HEBE'.

SCENE PREMIERE.

HEBE'.

Ous, qui d'Hebé suivez les loix,
Venez, rassemblez-vous, accourez à ma voix.
Vous chantez dès que l'Aurore
Eclaire ce beau séjour:
Vous commencez avec le jour
Les Jeux brillans de Terpsicore;
Les doux instans que vous donne l'Amour
Vous sont plus chers encore.
Vous, qui d'Hebé, &c.

SCENE II.

HEBE', Troupe de Jeunesse Françoise, Espagnole, Italienne & Polonoise, qui accourt & forme des Danses gratieuses.

HEBE'.

Musettes, résonnez dans ce riant Boccage,
Accordez-vous sous l'ombrage
Au murmure des ruisseaux,
Accompagnez le doux ramage
Des tendres Oiseaux.

CHOEUR.

Musettes, résonnez dans ce riant Boccage,
Accordez-vous sous l'ombrage
Au murmure des Ruisseaux,
Accompagnez le doux ramage
Des tendres Oiseaux.

Danse d'Amants & d'Amantes de la suite d'HEBE'.

HEBE'.

Amants, seurs de plaire
Suivez vôtre ardeur,
Chantez vôtre bonheur,
Mais sans offenser le mistere.

Il eſt pour un tendre cœur
Des biens dont le ſecret augmente la douceur,
Songez qu'il faut les taire.

Amants ſeurs de plaire,
Suivez vôtre ardeur,
Chantez vôtre bonheur,
Mais ſans offenſer le miſtere.

Danſes interrompues par le bruit des Tambours.

HEBÉ.

Qu'entens-je? les Tambours font taire nos Muſettes!..
C'eſt Bellonne: Ses cris excitent les Heros:
Qu'elle va dérober de Sujets à Paphos!

SCENE III.

BELLONE, HEBE', & sa Suite.

BELLONNE arrive au bruit des Tambours & des Trompettes qui la précedent avec des Guerriers portants des Drapeaux. Elle invite la Suite d'HEBE' à n'aimer que la gloire.

BELLONNE, à la suite d'HEBE'.

La Gloire vous appelle ; écoutez ses Trompettes,
Hâtez-vous, armez-vous & devenez Guerriers,
Quittez ces paisibles retraites,
Combattez ; il est temps de cueillir des Lauriers:
La Gloire vous appelle ; écoutez ses Trompettes,
Hâtez-vous, armez-vous & devenez Guerriers.

Danse des Guerriers Joüants du Drapeau. Ils appellent les Amants des Nations alliées. Ces Amants genereux épris des charmes de la Gloire, se rangent près de BELLONNE & suivent ses Etendarts.

SCENE IV.

HEBE'.

BEllonne les entraîne... O toy Vainqueur des Cieux
Viens prouver ton pouvoir ſuprême...
On oſe te quitter pour ſuivre d'autres Dieux!
Fils de Venus, eh! qui peut mieux
Te vanger que toy-même?

SCENE V.

L'AMOUR, HEBE', Suite D'HEBE'.

L'AMOUR descend des Cieux sur des nuages, il porte des traits nouveaux ; il est accompagné d'une Troupe d'Amours armez comme luy, dont les uns tiennent des Brandons, & les autres arborent des Etendards galands.

HEBE', à part.

L'Amour paroît armé, qu'il soit victorieux.

L'AMOUR.

Pourquoy Mars à l'Amour declare-t-il la guerre !
Mars perd-t-il son encens lorsqu'on vient m'en offrir?
Jamais les Mirthes sur la terre
N'ont empesché les Lauriers de fleurir.

HEBE', à l'AMOUR.

Pour remplacer les cœurs que vous ravit Bellonne,
Fils de Venus, lancez vos traits les plus certains ;
Conduisez les plaisirs dans les climats lointains,
Quand l'Europe les abandonne.

L'AMOUR.

L'AMOUR, à sa suite.

Ranimez vos flambeaux , remplissez vos carquois,
Moissonnez, meritez les palmes les plus belles ;
Amours , remportez à la fois
Cent victoires nouvelles.

L'horreur suit le terrible Mars ;
Les Jeux amusent sur vos traces ,
Partez , vos nouveaux Etendards
Sont l'ouvrage des Graces.

Ranimez vos flambeaux , remplissez vos carquois,
Moissonnez , meritez les palmes les plus belles ,
Amours , remportez à la fois
Cent victoires nouvelles.

HEBE' ET L'AMOUR.

Traversez les plus vastes Mers ,
Volez , Amours , portez vos armes & vos fers
Sur le plus éloigné Rivage.

Est-il un cœur dans l'Univers
Qui ne vous doive son hommage !

Traversez , &c.

CHOEUR.

Traversez les plus vastes Mers,
Volez, Amours, portez vos armes & vos fers
Sur le plus éloigné Rivage.

Est-il un cœur dans l'Univers
Qui ne vous doive son hommage.

Traversez les plus vastes Mers,
Volez, Amours, portez vos armes & vos fers
Sur le plus éloigné Rivage.

Les AMOURS s'envolent pendant le Chœur, & se dispersent loin de l'Europe dans les differents Climats des Indes.

FIN DU PROLOGUE.

LES INDES GALANTES.

PREMIERE ENTRÉE.

LE TURC GENEREUX.

ACTEURS CHANTANTS.

PREMIERE ENTRÉE.

OSMAN, *Bacha d'une Isle Turque, de la Mer des Indes,* Mr. Dun.

EMILIE, *jeune Provençale Esclave d'*OSMAN, Mlle. Pellicier.

VALERE, *Officier de Marine, Amant d'*EMILIE, Mr. Jelyote.

ACTEURS DANSANTS.

ESCLAVES AFFRIQUAINS;

Messieurs Savar, Javillier-C., Dumay, Dupré.

MATELOTS;

Monsieur Malter-3.; Mademoiselle Mariette.
Messieurs Hamoche, D'angeville, P-Dumoulin, F-Dumoulin.
Mesdemoiselles Petit, Carville, Fremicourt, Thybert.

La Scene est dans le Port d'une Isle Turque de la Mer des Indes.

LES INDES GALANTES.

PREMIERE ENTRÉE.

LE TURC GENEREUX.

Le Theâtre repréſente les Jardins d'OSMAN Bacha, terminez par la Mer.

SCENE PREMIERE.

EMILIE, OSMAN.

EMILIE, entrant ſeule.

C'Eſt Oſman qui me ſuit, ne luy cachons plus rien;
Pour arrêter ſon feu, découvrons-luy le mien.

OSMAN entrant, à EMILIE.

Chercherez-vous toûjours & l'ombre & le ſilence?

EMILIE.

Je voudrois de mes maux cacher la violence.

OSMAN.

Ciel ! qu'entens-je !

EMILIE.

Apprenez mon destin rigoureux.
Dans le séjour témoin de ma naissance
J'épousois un Amant digne de ma constance ;
Sur un bord solitaire on commençoit les Jeux,
Lorsque des Ravisseurs perfides
Paroissent le fer à la main ;
La terreur un instant ferme mes yeux timides,
Ils ne s'ouvrent qu'aux cris d'un Corsaire inhumain,
Bien-tôt les Vents & le Ciel même
Complices de son crime, éloignent ses Vaisseaux,
Et je me vois captive sur les eaux,
Près de ce que j'abhore, & loin de ce que j'aime.

OSMAN.

Qu'en peignant vos malheurs vous redoublez mes maux !
Dissipez vos ennuis sur cet heureux Rivage.

EMILIE.

J'y subis, sous vos loix, un second esclavage.

OSMAN.

Me reprocherez-vous de gêner vos desirs?
L'unique loy qu'icy vous prescrit ma tendresse,
C'est de permettre aux plaisirs
De vous y suivre sans cesse ;
Répondez à mes vœux ; couronnez mes soupirs.

EMILIE.

Contre mes Ravisseurs, ardent à me défendre,
Mon Amant a risqué ses jours ;
Lorsque pour prix de son secours,
Peut-être un coup fatal l'a forcé de descendre
Dans l'affreuse nuit du tombeau,
Mon cœur ingrat, d'un feu nouveau
Se laisseroit surprendre!

OSMAN.

Ah! que me faites vous entendre?
C'est trop m'outrager par vos pleurs!
Cessez d'entretenir d'inutiles douleurs.

Il faut que l'Amour s'envole
Dès qu'il voit partir l'espoir.

A l'ennuy la constance immole
Le cœur qui la croit un devoir.

Il faut que l'Amour s'envole
Dès qu'il voit partir l'espoir.

Je vous quitte, belle Emilie,
Songez que le nœud qui vous lie
Vous cause chaque jour des tourmens superflus ;
Vous aimez un Objet que vous ne verrez plus.

SCENE II.

EMILIE.

QUe je ne verray plus !... Barbare !
Que me présage ce discours?
Ah ! si de mon Amant le trépas me separe,
Si mes yeux l'ont perdu, mon cœur le voit toûjours.

Le Ciel se couvre de nuages sombres, les vents sifflent, les flots s'élevent.

La nuit couvre les Cieux ! quel funeste ravage !

L'obscurité & la tempeste redoublent.

Vaste Empire des Mers où triomphe l'horreur,
Vous étes la terrible image
Du trouble de mon cœur.

Des vents impetueux vous éprouvez la rage,
D'un juste desespoir j'éprouve la fureur.

Vaste Empire des Mers où triomphe l'horreur,
Vous étes la terrible image
Du trouble de mon cœur.

La tempeste continue avec la même violence.

CHOEUR

CHOEUR de Matelots qu'on ne voit point.

Ciel! de plus d'une mort nous redoutons les coups!
Serons-nous embrasez par les feux du Tonnerre?
Sous les Ondes perirons-nous
A l'aspect de la Terre!

EMILIE.

Que ces cris agitent mes sens!
Moy-même je me crois victime de l'orage.

La Tempête diminue & la clarté revient.

Mais le Ciel est touché de leurs perils pressants,
Le Ciel, le juste Ciel calme l'onde & les vents;
Je souffrois dans le Port les tourments du naufrage.

CHOEUR, qu'on ne voit point, de Matelots de l'Escadre de VALERE, échapez du naufrage, & pris par les Turcs.

Que nous sert d'échaper à la fureur des Mers?
En évitant la mort nous tombons dans les fers.

EMILIE.

D'infortunez Captifs vont partager mes peines
Dans ce redoutable séjour....
S'ils sont Amants, ah! que l'Amour
Va gemir sur ces bords dans de barbares chaînes!

SCENE III.

EMILIE, VALERE en Esclave.

EMILIE, à part.

UN de ces malheureux approche en soupirant !...
Helas ! son infortune est semblable à la mienne !
Quel transport confus me surprend ?
Parlons-luy. Ma Patrie est peut-être la sienne.
L'abordant. Le reconnoissant.
Etranger, je vous plains... Ah ! Valere ! c'est vous !

VALERE la reconnoissant.

C'est vous ! belle Emilie !

ENSEMBLE.

EMILIE... *Ah ! Valere ! c'est vous !*
VALERE... *C'est vous ! belle Emilie !*
Je vous revois ! que de malheurs j'oublie !
De mon cruel destin je ne sens plus les coups.

EMILIE.

Par quel sort aujourd'huy jetté sur cette Rive....

VALERE.

Depuis l'instant fatal qui nous a separez
Dans cent climats divers mes soupirs égarez
Vous cherchent nuit & jour... je vous trouve captive.

EMILIE.

Et ce n'eſt pas encor mon plus affreux malheur.

VALERE.

O Ciel! achevez.

EMILIE.

Non, ſuſpendez ma douleur:
De vôtre ſort daignez enfin m'inſtruire.

VALERE.

Un Maître que je n'ay point vû,
Dans ce Palais m'a fait conduire....

EMILIE.

Vôtre Maître eſt le mien.

VALERE.

O bonheur imprévû!

EMILIE.

Valere, quelle erreur peut ainſi vous ſéduire?
Mon Tyran m'aime....

VALERE.

O deſeſpoir!
Non, vous ne ſortirez jamais de ſon pouvoir!
Quoy! Valere ne vous retrouve
Que pour vous perdre ſans retour?
Nôtre Tyran vous aime!

EMILIE.

Et ma douleur le prouve,
Je ne demandois pas ce triomphe à l'Amour.

VALERE.

Ah! sçait-on vous aimer dans ce cruel séjour!

Sur ces bords une ame enflâmée
Partage ses vœux les plus doux;
Et vous meritez d'être aimée
Par un cœur qui n'aime que vous.

SCENE IV.

EMILIE, VALERE en Esclave, OSMAN, Bacha.

OSMAN, à VALERE.

Esclave, je viens de t'entendre,
Ton crime m'est connu.

VALERE.

Je ne m'en repens pas.

EMILIE troublée, à OSMAN.

Seigneur, est-il coupable? hélas!...

OSMAN, à EMILIE.

Vous l'accusez en voulant le défendre;
Vous prétendez en vain cacher vôtre embarras,
Et retenir les pleurs que je vous vois répandre...
Vous cédez au penchant de vôtre cœur trop tendre:
Ah! du mien je suivray les loix!
Je sçauray me vanger ainsi que je le dois.

EMILIE, à OSMAN.

Le Barbare !

VALERE, à OSMAN.

J'attends l'Arrest de ta colere.

EMILIE, tremblante.

Juste Ciel ! quel moment !

OSMAN présentant EMILIE à VALERE.

Reçois de moy, Valere,
Emilie & la liberté.

EMILIE, à OSMAN.

Gayement. Tristement.

Que dites-vous ? mais, non, peut-il être sincere ?
Il veut tromper nos cœurs... c'est trop de cruauté !

OSMAN.

Helas ! quelle injustice !
Quoy ! vous vous deffiez de ma sincerité,
Dans l'instant où mon cœur vous fait le sacrifice
Qui jamais a le plus couté ?...
Mais, je le dois à la reconnoissance :
Montrant VALERE,
Osman fut son Esclave, & s'efforce aujourd'huy
D'imiter sa magnificence...
Dans ce noble sentier, que je suis loin de lui !
Il m'a tiré des fers sans me connaître...

VALERE, l'embrassant.

Mon cher Osman, c'est vous ! Osman étoit mon Maître.

OSMAN.

Je vous ay reconnu sans m'offrir à vos yeux ;
J'ay fait agir pour vous mon zele & ma puissance.

Les Vaisseaux de VALERE, avancent & paroissent chargez des présens du Bacha, portez par des Esclaves Africains.

Vos Vaisseaux sont rentrez sous vôtre obéïssance.

VALERE, surpris.

Que vois-je ? ils sont chargez de vos dons prétieux !
Que de bienfaits !

OSMAN.

Ne comptez qu'Emilie.

VALERE.

O Triomphe incroyable ! ô sublime Vertu !

EMILIE, à OSMAN.

Ne craignez pas que je l'oublie.

OSMAN.

Estimez moins un cœur qui s'est trop combatu.

On entend les Tambourins des Matelots de VALERE.

Avec douleur.

J'entens vos Matelots ... allez sur vos Rivages,
Mes ordres sont donnez ... allez, vivez contens...
Souvenez-vous d'Osman...

VALERE, l'arrêtant.

Recevez nos hommages.

EMILIE, à OSMAN.

Ecoûtez...

OSMAN.

Hésitant, s'en allant.

Quoy!.. mais, non, c'est souffrir trop long-temps,
C'est trop à vos regards offrir mon trouble extrême...
Je vous dois mon absence, et la dois à moi-même.

SCENE V.

VALERE, EMILIE.

VALERE.

FUt-il jamais un cœur plus genereux ?
Digne de nôtre Eloge, il ne veut pas l'entendre...
Au plus parfait bonheur il a droit de prétendre,
Si la vertu peut rendre heureux.

SCENE VI.

EMILIE, VALERE, PROVENÇAUX ET PROVENÇALES de leur Escadre, Esclaves Africains d'OSMAN.

EMILIE ET VALERE.

Volez, Zephirs, volez jeunes Amants de Flore;
Si vous nous conduisez, tous nos vœux sont remplis.
Rivages fortunez de l'Empire des Lys,
Ah! nous vous reverrons encore.

CHOEUR.

Volez, Zephirs, volez jeunes Amants de Flore;
Si vous nous conduisez, tous nos vœux sont remplis.
Rivages fortunez de l'Empire des Lys,
Ah! nous vous reverrons encore.

EMILIE.

Regnez Amours, Regnez, ne craignez pas les flots;
Vous trouverez sur l'Onde un aussi doux repos
Que sous les Myrthes de Cythere;
Regnez Amours, Regnez, ne craignez pas les flots;
Ils ont donné le jour à vôtre aimable Mere.

On danse.

VALERE.

VALERE.

Hâtez-vous de vous embarquer,
Jeunes Cœurs, volez à Cythere;
Sur cette Flotte téméraire
On ne peut jamais trop risquer.
Hâtez-vous de vous embarquer,
Jeunes Cœurs, volez à Cythere.

Danse de MATELOTS.

EMILIE.

Fuyez, fuyez Vents orageux,
Calmez les Flots amoureux,
Ris & Jeux.
Charmant Plaisir, fais nôtre sort
Dans la route comme au Port.
Si quittant le Rivage
La raison fait naufrage,
Thetis dans ce beau jour,
N'en sert que mieux l'Amour.

Fuyez, fuyez Vents orageux,
Calmez le Flots amoureux,
Ris & Jeux.
Charmant Plaisir, fais nôtre sort
Dans la route comme au Port.

On danse.

EMILIE.

Partez, on languit ſur le Rivage,
Tendres Cœurs, embarquez-vous :

Voguez ; bravez les vents & l'orage,
Que l'eſpoir vous guide tous.

Partez, on languit ſur le Rivage,
Tendres Cœurs, embarquez-vous.

LE CHOEUR chante cette Parodie en Dialogue avec EMILIE.

FIN DE LA PREMIERE ENTRE'E.

LES INDES GALANTES.

DEUXIÉME ENTRÉE.

LES INCAS DU PEROU.

ACTEURS CHANTANTS.

DEUXIE'ME ENTRE'E.

HUASCAR-INCA, *Ordonnateur de la feste du Soleil*, Mr. Chassé.

PHANI-PALLA *de la Race Royale*, Mlle. Antier.

DOM CARLOS, *Officier Espagnol, Amant de* PHANI, Mr. Jelyote.

ACTEURS DANSANTS.

INCAS ET PERRUVIENS;

Monsieur D-Dumoulin;

Messieurs Malter-C., Javillier-L., Bontemps.

Messieurs Dupré, Dumay, Savar, Javillier-C.

Mesdemoiselles Petit, Carville, Rabon, Fremicourt, Le Breton.

La Scene est dans un Desert des Montagnes du Perou terminé par un Volcan.

LES INDES GALANTES.

DEUXIÉME ENTRÉE.

LES INCAS DU PEROU.

Le Theâtre représente un Desert du Perou, terminé par une Montagne aride. Le sommet en est couronné par la bouche d'un Volcan, formée de Rochers calcinez couverts de cendres.

SCENE PREMIERE.

PHANI-PALLA, DOM-CARLOS Officier Espagnol.

CARLOS.

Vous devez bannir de vôtre ame
La criminelle erreur qui séduit les Incas ;
Vous l'avez promis à ma flâme :
Pourquoy differez vous ? non, vous ne m'aimez pas....

PHANI.

Que vous penetrez mal mon secret embaras !
Quel injuste soubçon ! . . quoy, sans inquiétude,
Brise-t-on à la fois
Les liens du sang & des Loix ?
Excusez mon incertitude.

CARLOS.

Dans un culte fatal, qui peut vous arrêter ?

PHANI.

Ne croyez point, Carlos, que ma raison balance ;
Mais, de nos fiers Incas je crains la violence...

CARLOS.

Ah ! pouvez vous les redouter ?

PHANI.

Sur ces Monts leurs derniers asiles,
La fête du Soleil va les rassembler tous...

CARLOS.

Du trouble de leurs Jeux, que ne profitons nous ?

PHANI.

Ils observent mes pas...

CARLOS.

Leurs soins sont inutiles,
Si vous m'acceptez pour Epoux.

PHANI.

Allez, pressez ce moment favorable,
Délivrez-moi d'un séjour détestable ;
Mais, ne venez pas seul... quel funeste malheur !
Si vôtre mort... le Peuple est barbare, implacable,
Et quelquefois le nombre accable
La plus intrépide valeur.
Ciel !

CARLOS.

Devez-vous être allarmée ?
Oubliez-vous que dans ces lieux
Un seul de nos guerriers épouvante une armée ?

PHANI.

Je sçais vos exploits glorieux
Et qu'à votre courage il n'est rien d'impossible ;
Forcez-vous cependant à souffrir du secours ;
Allez....

CARLOS.

Que craignez-vous ?

PHANI.

Hélas ! je suis sensible !
Lorsque l'on aime, on craint toujours.

SCENE II.

PHANI-PALLA.

Viens, Hymen, viens m'unir au Vainqueur que j'adore;
Forme tes nœuds, enchaîne-moi.
Dans ces tendres instans où ma flame t'implore,
L'Amour même n'est pas plus aimable que toi.
Viens, Hymen, &c.

SCENE III.

PHANI-PALLA, HUASCAR-INCA.

HUASCAR, à part.

Elle est seule.. parlons; l'instant est favorable...
Mais je crains d'un Rival l'obstacle redoutable.
Parlons au nom des Dieux pour surprendre son cœur;
Tout ce que dit l'Amour est toujours pardonnable,
Et le Ciel que je sers doit servir mon ardeur.
à PHANI.
Le Dieu de nos climats dans ce beau jour m'inspire:
Princesse, le Soleil daigne veiller sur vous,
Et lui-même dans notre empire,
Il prétend par ma voix vous nommer un époux.
Vous frémissez... d'où vient que votre cœur soupire?
Obeïssons

Obéïssons sans balancer
Lorsque le Ciel commande.
Nous ne pouvons trop nous presser
D'accorder ce qu'il nous demande ;
Y réflechir, c'est l'offenser.
Lorsque le Ciel commande,
Obéïssons sans balancer,

PHANI.

Non, non, je ne crois pas tout ce que l'on assure
En attestant les Cieux ;
C'est souvent l'imposture
Qui fait parler les Dieux.

HUASCAR.

Pour les Dieux & pour moy quelle coupable injure !
Je sçais ce qui produit vôtre incredulité,
C'est l'amour. Dans vôtre ame, il est seul écoûté.

PHANI.

L'Amour ! que croyez vous ?

HUASCAR.

Ouy vous aimez, Perfide,
Un de nos Vainqueurs inhumains...
Ciel ! mettras-tu toûjours tes armes dans leurs mains?

PHANI.

Redoutez le Dieu qui les guide.

HUASCAR.

C'est l'or qu'avec empressement,
Sans jamais s'assouvir, ces Barbares dévorent,
L'or qui de nos Autels ne fait que l'ornement,
Est le seul Dieu que nos Tyrans adorent.

PHANI.

Temeraire! que dites-vous!
Reverez leur puissance & craignez leur couroux.
Pour leur obtenir vos hommages,
Faut-il des miracles nouveaux?
Vous avez vû de nos Rivages,
Leurs Villes voler sur les eaux;
Vous avez vû dans l'horreur de la guerre,
Leur invincible bras disposer du tonnerre...

SCENE IV.

HUASCAR-INCA, UN INCA son Confident.

On entend un Prélude qui annonce la Fête du Soleil.

HUASCAR, à part.

ON vient, dissimulons mes transports à leurs yeux...
à l'INCA qu'il appelle.
Vous sçavez mon Projet. Allez; qu'on m'obéisse...
à part.
Je n'ay donc plus pour moy qu'un barbare artifice,
Qui de flâme & de sang peut innonder ces lieux?
Mais, que ne risque point un amour furieux!

SCENE V.

FESTE DU SOLEIL.

HUASCAR-INCA, PHANI-PALLA ramenée par des INCAS, PALLAS ET INCAS, Sacrificateurs, PERUVIENS, ET PERUVIENNES.

HUASCAR.

Soleil, on a détruit tes superbes aziles,
Il ne te reste plus de temple que nos cœurs:
Daigne nous écoûter dans ces Deserts tranquilles,
Le zele est pour les Dieux le plus cher des honneurs.

Les PALLAS ET INCAS font leur adoration au Soleil.

HUASCAR.

Brillant Soleil, jamais nos yeux dans ta carierre,
N'ont vû tomber de noirs frimats!
Et tu répands dans nos climats
Ta plus éclatante lumiere.

CHOEUR.

Brillant Soleil, &c.

Danse de PERUVIENS ET PERUVIENNES.

HUASCAR.

Clair Flambeau du monde,
L'Air, la Terre & l'Onde

Ressentent tes bienfaits.
Clair Flambeau du monde,
L'Air, la Terre & l'Onde
Te doivent leurs attraits.

CHOEUR.

Clair Flambeau, &c.

HUASCAR.

Par toy, dans nos champs tout abonde;
Nous ne pouvons compter les biens que tu nous fais!
Chantons-les seulement. Que l'Echo nous réponde,
Que ton nom dans nos Bois retentisse à jamais.

CHOEUR.

Clair Flambeau, &c.

HUASCAR.

Tu laisses l'Univers dans une nuit profonde
Lorsque tu disparais!
Et nos yeux en perdant ta lumiere feconde,
Perdent tous leurs plaisirs; la Beauté perd ses traits.

CHOEUR.

Clair Flambeau, &c.

HUASCAR.

Permettez, Astre du jour,
Qu'en chantant vos feux nous chantions d'autres flâmes;
Partagez, Astre du jour,
L'encens de nos ames,
Avec le tendre Amour.

Le Soleil en guidant nos pas
Répand ſes appas,
Dans les routes qu'il pare ;
Raiſon, quand malgré tes ſoins
L'Amour nous égare,
Nous plaît-il moins ?

Vous brillez, Aſtre du jour,
Vous charmez nos yeux par l'éclat de vos flâmes ;
Vous brillez, Aſtre du jour ;
L'Aſtre de nos ames
C'eſt le tendre Amour.

De nos Bois chaſſez la triſteſſe,
Regnez-y ſans ceſſe,
Dieux de nos cœurs.
De la nuit le voile ſombre
Sur vos attraits n'étend jamais ſon ombre ;
Tous les Temps, aimables Vainqueurs,
Sont marquez par vos faveurs.

Permettez, Aſtre du jour,
Qu'en chantant vos feux nous chantions d'autres flâmes ;
Partagez, Aſtre du jour,
L'encens de nos ames
Avec le tendre Amour.

On danſe, & la Fête eſt troublée par un tremblement de terre.

CHOEUR.

Dans les abîmes de la Terre,
Les vents ſe declarent la guerre !

L'Air s'obſcurcit, le tremblement redouble, le Volcan s'allume, & jette par tourbillons du feu & de la fumée.

CHOEUR.

Les Rochers embraſez s'élancent dans les airs!
Ils portent juſqu'aux Cieux les flâmes des Enfers!

L'épouvante ſaiſit les PERUVIENS, l'Aſſemblée ſe diſperſe, HUASCAR arrête PHANI, & le tremblement de terre ſemble s'apaiſer.

SCENE VI.

PHANI-PALLA, HUASCAR-INCA.

HUASCAR, à PHANI qui traverſe le Théâtre en fuyant.

ARrêtez. Par ces feux le Ciel vient de m'apprendre,
Qu'à ſon Arrêt il faut vous rendre,
Et l'hymen. . . .

PHANI.

Qu'allez-vous encor me réveler!
O jour funeſte! dois-je croire
Que le Ciel jaloux de ſa gloire
Ne s'explique aux Humains qu'en les faiſant trembler?

HUASCAR, l'arrêtant encore.

Vous fuyez, quand les Dieux daignent vous appeller!
Eh bien, Cruelle, eh bien, vous allez me connoître,
Suivez l'Amour jaloux. . . . .

PHANI, ſe reculant.

Ton crime oſe paroître!

HUASCAR.

Que l'on eſt criminel lorſque l'on ne plaît pas!
Du moins en me ſuivant évitez le trépas. . .

Ici je vois partout l'affreuſe Mort ſuivie
D'un effroyable embraſement!
Chaque inſtant peut de votre vie
Devenir le dernier moment.

SCENE VII.

PHANI-PALLA, HUASCAR-INCA, DOM CARLOS, Officier Espagnol.

HUASCAR, à PHANI.

Quoy, plusque le peril mon amour vous étonne?
C'est trop me résister. . . .

PHANI.

O Ciel! entends mes vœux!

HUASCAR.

C'est aux miens qu'il vous abandonne.

CARLOS, arrivant sur lui le Poignard à la main.

Tu t'abuses, Barbare!

PHANI.

Ah! Carlos! je frissonne!
Le Soleil jusqu'au fonds des Antres les plus creux
Vient d'allumer la Terre, & son courroux présage...

CARLOS.

Princesse, quelle erreur! C'est le Ciel, qu'elle outrage.
Cet embrasement dangereux
Du Soleil n'est point l'ouvrage;

Montrant HUASCAR.

Il est celui de sa rage.
Un seul Rocher jetté dans ces Gouffres affreux,
Treveillant l'ardeur de ces terribles feux,
Suffit pour exciter un si fatal ravage....

Le

Le Perfide esperoit vous tromper dans ce jour,
Et que votre terreur serviroit son amour;
Sur ces Monts mes Guerriers punissent ses complices,
Ils vont trouver dans ces noirs précipices
Des tombeaux dignes d'eux. . . .

à HUASCAR.

Mais, il te faut de plus cruels suplices.

à PHANI.

Accordez vôtre main à son Rival heureux,
C'est-là son châtiment.

HUASCAR.

Ciel! qu'il est rigoureux!

ENSEMBLE.

PHA. & CARL. { *Pour jamais l'Amour nous engage,*
Non, non, rien n'est égal à ma felicité!

HUAS. { *Non rien n'égale ma rage!*
Je suis témoin de leur félicité.

PHA. & CARL. { *Ah! mon cœur a bien mérité*
Le sort qu'avec vous il partage.

HUAS. { *Faut-il que mon cœur irrité*
Ne puisse être vangé d'un si cruel outrage?

Ils reprennent le Rondeau. PHANI & CARLOS s'adressent l'un à l'autre les Paroles de ce Trio; HUASCAR chante les siennes à part.

SCENE VIII.

Le Volcan se rallume, & le Tremblement de terre recommence.

HUASCAR.

LA flâme se rallume encore...
Loin de l'éviter, je l'implore...
Abimes embrâsez, j'ay trahy les Autels,
Exercez l'employ du Tonnerre;
Vangez les droits des Immortels;
Déchirez le sein de la Terre;
Sous mes pas chancelans,
Renversez, dispersez ces arrides Montagnes;
Lancez vos feux dans ces tristes Campagnes,
Tombez sur moy, Rochers brûlans.

Le Volcan vomit des Rochers enflâmez qui écrasent le criminel HUASCAR.

FIN DE LA DEUXIE'ME ENTRE'E.

LES INDES GALANTES.

TROISIÉME ENTRÉE.

LES FLEURS,

FESTE PERSANE:

CETTE ENTRE'E EST NOUVELLE;

Elle a été représentée pour la premiere fois
Le Septembre 1735.

ACTEURS CHANTANTS.

TACMAS, *Prince Persan, Roy dans les Indes.* Mr. Tribou.

FATIME, *Sultane Favorite, déguisée en Esclave Polonois.* Mlle. Petitpas.

ATALIDE, *Sultane.* Mlle. Eeremans.

ROXANE, *Confidente d'*ATALIDE, Mlle. Bourbonois.

ACTEURS DANSANTS.

ZEPHIRE, Monsieur D-Dumoulin.
BOREE, Monsieur Javillier-L.
LA ROSE, Mademoiselle Sallé.

DIFFERENTES FLEURS;

Mesdemoiselles Le Breton, Fremicourt Thybert, Petit, Courcelle, Centuray.

La Scene est dans le Jardin du Palais de TACMAS.

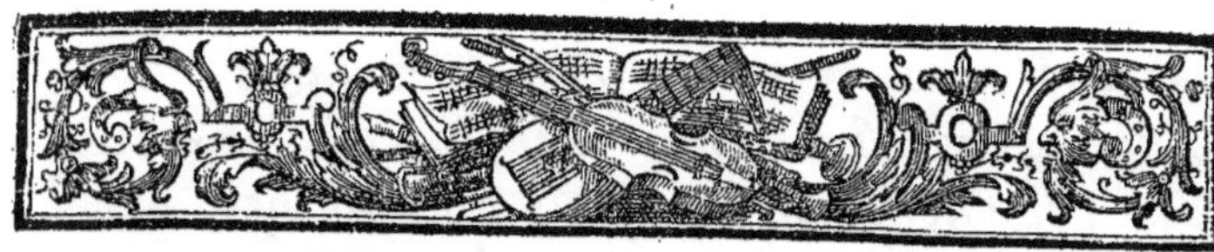

LES INDES GALANTES.

NOUVELLE ENTRÉE.

LES FLEURS,

FESTE PERSANE.

Le Theâtre représente les Jardins de TACMAS.

SCENE PREMIERE.

ROXANE, FATIME, en Esclave Polonois.

ROXANE, la considerant.

Vous offrez à nos yeux un Esclave charmant !
Mais, ne craignez-vous point Fatime,
Qu'on ne vous fasse un crime
De ce Déguisement ?

FATIME.

La Fête qui bien-tôt doit être célébrée,
De nos Jardins permet l'entrée ;
Pour me cacher ainsi, j'ay saisi ce moment.

J'aime Tacmas, & je le crois volage;
Je ne puis resister à mes transports jaloux...
Je viens chercher sous cet ombrage
Les funestes Attraits qui causent mon courroux.
Je soupçone Atalide...

ROXANE.

Atalide est aimable;

FATIME.

Cet Objet redoutable
A mes regards encor ne s'est pas presenté;
Et peut-être ma crainte ajoûte à sa Beauté!

Dans ce jour où des Fleurs on prepare la Fête,
J'espere la trouver sous ces sombres Ormeaux;
Et me livrant au soin qui dans ce Bois m'arreste...
Helas! je vais guerir ou redoubler mes maux!

ROXANE.

Ah! vôtre Amant peut-il être infidelle?
Pour le croire constant, il suffit de vous voir.
Un cœur où vous regnez, a-t-il donc le pouvoir
De prendre une chaîne nouvelle?
Ah! vôtre Amant peut-il être infidelle?

FATIME.

L'Hyver dans ces Jardins n'ose outrager les Fleurs;
Sous cette immortelle verdure
Il n'ose des ruisseaux suspendre le murmure,
Et jamais, de l'Aurore il n'y glace les pleurs;

Sans cesse dans nos Prez, Flore arreste Zephire,
Et jamais l'Aquilon ne nous ôte un beau jour;
Tout rit dans ce charmant séjour:
Faut-il que seule j'y soupire?
Je brûle d'éclaircir le sort de mon amour...

SCENE II.

FATIME, en Esclave Polonois, ROXANE, ATALIDE.

FATIME.

On vient.

ROXANE, se retirant.

C'est Atalide. Evitons sa présence.

ATALIDE, à part, examinant FATIME.

Cet Esclave est nouveau. . risquons ma confidence.
Mon foible cœur est las d'enfermer son secret;
Parlons, quand je devrois trouver un indiscret,
Je ne puis plus garder un funeste silence.

FATIME, à part, examinant ATALIDE.

Plus je vois ma Rivale, & plus je sens d'effroy,
Ses charmes, de Tacmas me prouvent l'inconstance.

ATALIDE, à FATIME.

Aimable Esclave, apprenez-moy
Si vous suivez Tacmas.....

FATIME.

Je vis sous sa puissance.
Je l'ay vû fort long-temps se fier à ma foy.

ATALIDE.

Vous possedez sa confiance?
Que vous étes heureux de pouvoir chaque jour
Luy marquer vôtre zele!

FATIME.

Vous l'aimez! vos soupirs trahissent vôtre amour...

ATALIDE.

Ouy; Tacmas est l'Objet de mon ardeur fidelle...

FATIME, saisie.

Vous l'aimez...

ATALIDE.

Je l'adore & mon cœur enflâmé
N'a jamais tant aimé!

La chaîne qui m'engage est faite
Pour n'en briser jamais les nœuds.

Ma tendresse est aussi parfaite
Que le cher Objet de mes vœux.

La chaîne qui m'engage est faite
Pour n'en briser jamais les nœuds.

FATIME, à part.

Elle aime trop, helas! pour n'être point aimée...
Vivement à ATALIDE.
Ah! c'est d'un Inconstant que vous êtes charmée!

Un Inconſtant devroit-il être heureux?
C'eſt un crime que ſa victoire?
Plus il trahit de tendres feux,
Plus il ſe croit comblé de gloire.

Un Inconſtant devroit-il être heureux?
C'eſt un crime que ſa victoire.

ATALIDE.

Un Inconſtant! que dites-vous?
Le Prince n'aime que Fatime...
Ses diſcours, ſes ſoupirs, ſes regards tout l'exprime:
Croyez-en mes tranſports jaloux...

FATIME, vivement.

Tacmas n'eſt point volage! O Ciel! eſt-il poſſible!

ATALIDE, ſurpriſe.

J'eſperois que mes maux vous trouveroient ſenſible,
Je comptois ſur vos ſoins pour toucher mon Amant,
Et vous ſemblez jouir de mon cruel tourment!

SCENE III.

FATIME, en Eſclave Polonois, ATALIDE, TACMAS.

ATALIDE.

TAcmas approche. Amour, c'eſt toy ſeul que j'implore,
Tu dois ſervir mon cœur de même qu'il t'adore.

TACMAS, examinant FATIME.

Un Esclave inconnu dans ces lieux ose entrer!
Quoy, Fatime, c'est vous!

ATALIDE, à part.

Ciel! c'est à ma Rivale.
Que je suis venu declarer
Son triomphe éclatant & ma peine fatale...

SCENE IV.

TACMAS, FATIME, en Esclave Polonois.

TACMAS.

Fatime, expliquez-moy vôtre déguisement.

FATIME.

Au repos de mon cœur il étoit necessaire.
De ce cœur fidelle & sincere,
Il vient de calmer le tourment...
Je craignois vôtre changement.

TACMAS.

Eh quoy! trop injuste Fatime,
Vous m'avez soupçonné d'un crime?
Vous vous étes livrée à des soupçons jaloux!
Pour accuser mes feux, quelle preuve avez-vous?

FATIME.

FATIME.

La Jalousie est-elle sage?

L'aimable Aurore, envain se leve sans nuage,
Et nous promet un jour charmant;
Pour troubler l'Univers, il ne faut qu'un moment,
Nos cœurs comme les flots sont sujets à l'orage.

ENSEMBLE.

Après l'orage, un doux repos
Calme les cœurs comme les flots.

On entend le Prélude de la Fête.

TACMAS.

Fatime; ces Concerts nous annoncent la Fête
Qu'à la gloire des Fleurs, dans ce Bois on aprête:
Allons-y; près de vous je ne la verray pas;
Près de vous on ne peut penser qu'à vos appas.

SCENE V.

LA FESTE DES FLEURS.

La Ferme s'ouvre; alors tout le Theâtre représente des Berceaux illuminez & décorez de Guirlandes, & de Pots de Fleurs. Des Symphonistes & des Esclaves chantants sont distribuez dans des Balcons de feüillages. D'aimables Odaliques de diverses Nations de l'Asie portent dans leurs coëffures & sur leurs habits, les Fleurs les plus belles: L'une, a pour parure, la Rose; L'autre, la Jonquille; Enfin, toutes se singularisent par des Fleurs differentes.

CHOEUR.

Dans le sein de Thetis précipitez vos feux,
Fuyez, Astre du jour, laissez regner les ombres;
Nuit, étendez vos voiles sombres;
Vos tranquiles moments favorisent les Jeux.

TACMAS, à FATIME.

C'est vous qui faites mes beaux jours,
Que de Fleurs sous vos pas vont s'empresser de naître!
Que de Zéphirs, en les voyant paraître,
Vont voler près de vous & suivre les amours!

On danse.

ROXANE.

Triomphez agreables Fleurs,
Répandez vos parfums, ranimez vos couleurs.

CHOEUR. *Triomphez*, &c.

ROXANE.

C'est parmi vous qu'Amour cache sous la verdure
Ses feux les plus ardents, ses plus aimables traits:
Le Printemps vous doit ses atraits,
Vous parez la Saison qui pare la Nature.

CHOEUR. *Triomphez*, &c.

ROXANE.

Vous tenez le rang suprême
Sur les bords de nos Ruisseaux;
Et vous embellissez dans les jours les plus beaux,
La Beauté même.

CHOEUR. *Triomphez*, &c.

FATIME.

Regnez Amours, volez Zephirs,
De nos Bois vous faites les charmes...

Fuyez soupçons fâcheux, fuyez tristes allarmes,
Gardez-vous d'occuper le séjour des plaisirs.

Regnez Amours, volez Zéphirs,
De nos Bois vous faites les charmes.

On danse.

FATIME.

Papillon inconstant, vole dans ce Boccage,
Arrête-toy, suspens le cours
De ta flâme volage.

Jamais si belles fleurs sous ce naissant ombrage,
N'ont merité de fixer tes amours.

Papillon inconstant, vole dans ce Boccage,
Arrête-toy, suspens le cours
De ta flâme volage.

BALLET DES FLEURS.

CE Ballet represente pittoresquement le sort des Fleurs dans un Jardin. On les a personifiées ainsi que Borée & Zéphire, pour donner de l'ame à cette Peinture galante, executée par d'aimables Esclaves de l'un & de l'autre sexe. D'abord les Fleurs choisies qui peuvent briller davantage au Théatre dansent ensemble, & forment un Parterre qui varie à chaque instant. La Rose leur Reine danse seule. La Feste est interrompuë par un orage qu'amene Borée; les Fleurs en éprouvent la colere, La Rose résiste plus long-temps à l'ennemy qui la persecute; les Pas de Borée expriment son impetuosité & sa fureur; les attitudes de la Rose peignent sa douceur & ses craintes; Zéphire arrive avec sa clarté renaissante; il ranime & releve les Fleurs abatues par la tempête, & termine leur Triomphe & le sien par les hommages que sa tendresse rend à la Rose.

FIN.

Le Privilege est à la fin de l'ancienne Entrée.

APROBATION.

J'AY lû par Ordre de Monseigneur le Garde des Sceaux, *Le Ballet des Indes Galantes.* Fait ce dix-huitiéme Aoust mil sept cent trente-cinq. GALLYOT.

www.ingramcontent.com/pod-product-compliance
Lightning Source LLC
LaVergne TN
LVHW010002230826
846092LV00002B/602